Bei Dresdens Jungfrauen und Dirnen 8

Mutter Zanetta – die sächsische Hofschauspielerin 15

Ein herrliches Geschenk von Graf Brühl 18

Mit Maton im Dresdner Hotel »Stadt Rom« 23

Bruder Giovanni – vom Fälscher zum Rektor 29

Die Prinzessin zur Leipziger Messe 39

Der Bibliothekar und der Alchimist in Dux 45

Das Kind der Portierstochter 53

Casanova und Mozarts »Don Giovanni« 57

Schulden durch einen utopischen Roman 59

Alarm in der Dresdner Gemäldegalerie 61

Geschenke für die sächsischen Nichten 66

Die letzte Verehrerin 69

Brockhaus macht Casanova unsterblich 73

Die Rätsel um das Grab 75

JÜRGEN HELFRICHT

CASANOVAS ERGÖTZLICHE ABENTEUER IN SACHSEN

TAUCHAER VERLAG

KURZWEILIGES Nr. 26

Helfricht, Jürgen:
Casanovas ergötzliche Abenteuer in Sachsen /
Jürgen Helfricht (NE: Karina Helfricht). –
1. Aufl.-[Taucha]: Tauchaer Verlag, 1998.
ISBN 3-910074-89-8

© by Tauchaer Verlag
Gestaltung: Helmut Selle
Herstellung:
Neumann & Nürnberger, Leipzig
Satz und Reproduktion:
XYZ-Satzstudio, Naumburg
Druck und Verarbeitung:
Westermann Druck Zwickau
Printed in Germany
ISBN 3-910074-89-8

Giacomo Casanova als Geistlicher.
Gemalt 1796 von Bruder Francescco,
(1727 – 1802).

in Mann von heißer, südländischer Sinnlichkeit und tolldreistem Wagemut bereiste im 18. Jahrhundert Sachsen, verstand wie kein anderer die Kunst der Verführung: Giacomo Girolamo Casanova (1725–1798)!

Der Venezianer hatte bereits mit 16 Jahren an der Universität zu Padua den Doktor der Rechte erworben, betätigte sich als Geistlicher und Alchimist, studierte Medizin und Mathematik, befaßte sich mit Geisterspuk und Kabbala. Er war Theatergeiger und Paradeoffizier. Casanova schmachtete als Staatsgefangener in den berüchtigten Bleikammern von Venedig, flüchtete und half später als Geheimagent der Inquisition. Der weltgewandte Abenteurer, der sich mit Titeln wie »Chevalier de Seingalt«, »Ritter vom Goldenen Sporn« und päpstlicher »Pronotar extra urbem« schmückte, war in fürstlichen Gemächern und Theatern wie in Bordellen und Spielhöllen zu Hause. Fast allen

Größen seiner Zeit ist er begegnet: Madame Pompadour, Friedrich II., Katharina der Großen, Voltaire, August III., Premierminister Heinrich Graf von Brühl …

Was kaum jemand weiß: Sachsen war ein Lebensmittelpunkt des berühmtesten Liebhabers der Geschichte. Hier hatte sich in Dresden fast seine ganze Familie angesiedelt. Nahe Elbflorenz lebte Casanova die letzten 13 Jahre bis zu seinem Tode als Bibliothekar im böhmischen Dux, schrieb Bücher und die legendären Memoiren. Doch in sächsischen Gefilden fand er Erbauung und Vergnügen. Die Anekdoten über die Visiten des Weltenbummlers in Sachsen und ein Leipziger Verleger machten ihn unsterblich. »Das ist ja ein typischer Casanova!« hört man bis heute zwischen Elbe und Saale.

Tauchen Sie ein in das genußsüchtige
18. Jahrhundert, in das Sachsen
des Barock und Rokoko,
in das Zeitalter
Casanovas.

BEI DRESDENS JUNGFRAUEN
UND DIRNEN

Die Glocke der alten Kreuzkirche schlug zur elften Nachtstunde. Das Talglicht neben dem Bett in der Dachkammer tropfte. Die 17jährige Wirtstochter lag splitternackt auf dem frisch gestärkten Laken. Die Scham bedeckte sie mit beiden Händen. Ihre unberührten, straffen Brüste bebten. Vor Erregung, ihre Unschuld an den schönen Venezianer zu verlieren ...

An Giacomo Casanova, den genialsten Verführer aller Zeiten. Casanova, gerade 27 und nach zwei Jahren Paris in Höchstform seiner Lebenslust, kam über Metz, Mainz und Frankfurt Ende August 1752 zum ersten Mal in die Residenz der Wettiner. Der Frauenheld fand Dresden auf Anhieb so reizvoll, daß er gleich ein gutes halbes Jahr blieb. Hier lebten ja auch seine Mutter und seine Schwester.

Aber der junge Abenteurer, der eine Frau in einer Nacht zwölfmal hintereinander beglücken konnte, hatte alles andere im Kopf, als sich bei Verwandtenbesuchen zu erschöpfen.

Pirschte er nicht gerade durch die Betten von Dresdens Schönen, spielte Casanova in der Oper »Pharao« – das Glücksspiel mit 104 Karten! Damals finanzierten sich die Opernhäuser häufig durch Einnahmen aus der feinen Zockerei.

Die Schickeria strömte an seinen Spieltisch. Denn hier gab der Abenteurer seine prickelnden Pariser

Erlebnisse zum Besten. Beispielsweise wie ihm wenige Wochen zuvor die 19jährige irische Schauspielerin Victoire O'Murphy ihre 15jährige Schwester Marie-Louise gegen Geld zum Entjungfern angeboten hatte. Doch Casanova erschien das Angebot zu teuer. Er ließ das Mädchen nackt malen, spielte das Gemälde Frankreichs König Ludwig XV. zu.

Der pädophile Monarch war von der Kleinen elektrisiert, nahm sie in seinen »Hirschpark« auf: ein Harem, in dem Mädchen ab 12 Jahren gehalten wurden – um vom König schwanger zu werden!

Erstaunt lauschten die Dresdner dem Venezianer, wenn er von Versailles, seinen kecken Gesprächen mit Marquise de Pompadour und Marschall Richelieu plauderte.

Wohl kaum einen Tag ließ der feurige Südländer verstreichen, Dresdens ungepflückte Knospen zu brechen. Doch vor allem verbrachte Giacomo Casanova die ersten drei Monate damit, alle käuflichen Schönheiten kennenzulernen. »Ich fand«, vertraute er seinen Memoiren an, »daß sie die Italienerinnen und Französinnen, was ihre körperlichen Reize anbelangt, noch übertrafen.«

Schon ein alter Ratsbericht von anno 1685 verzeichnet jene Dresdner Straßen und Häuser, wo sich traditionell Huren aufhielten: »am Klepperstalle, in der Rampischen Gasse, in der Pirnaischen Gasse, in der Schießgasse ...«

Natürlich ging er auch zu »Krebs«, dem berühmtesten Freudenhaus. Hier erwischte es ihn: »Ein Liebesangebinde, das mir eine schöne Ungarin überließ. Es war das siebte Mal, daß ich mich auf diese Weise indisponiert fand ...« Er meinte wohl damit eine Gonorrhöe. In einer Zeit ohne Penicillin war der »Tripper« eine ernste Gefahr. Zwar gab es schon Kondome aus Därmen oder Seide. Doch Casanova benutzte sie selten. Er glaubte, sie würden seine Liebesfähigkeit beeinflussen. Dafür behandelte er sich selbst mit strenger Diät und sechs Wochen sexueller Enthaltsamkeit. Elfmal in seinem Leben hat er sich so »saniert«.

Die sexuelle Zwangspause im Herbst 1752 gab Casanova Zeit, Bauwerke zu studieren und Landsleute zu treffen. Kaum eine Stadt Europas konnte sich mit der Pracht Dresdens messen. August der Starke – der 19 Jahre zuvor 1733 in Warschau verstorbene Sachsen-Fürst und Polen-König – hatte Dresden zu einer Perle des Barock gemacht. Architekten wie Matthäus Daniel Pöppelmann aus Herford, die Franzosen Zacharias Longuelune und Jean de Bodt sowie Johann Christoph Knöffel aus Dresden ließen die Pläne des Monarchen zu Stein werden. Namhafte Bildhauer wie Balthasar Permoser aus Kammer bei Traunstein, Johann Benjamin Thomae aus Oberpesterwitz bei Dresden, Johann Christian Kirchner aus Merseburg oder Gottfried Knöffler aus Zschölkau bei Leipzig standen ihnen zur Seite.

Der zur Elbe offene Zwinger mit Pavillons, Arkaden, pausbäckigen Putten, verführerischen Nymphen und dem Herkules auf der Weltkugel war entstanden.

August ließ ein Komödienhaus errichten, das Japanische Palais als Porzellan-Schloß umbauen, seiner Mätresse Gräfin Cosel das Taschenberg-Palais aus dem Boden stampfen, die Neustadt sternförmig umgestalten. Vor den Toren der Stadt schmückte er den Großen Garten mit 1500 Sandstein- und Marmorplastiken, legte den Palaisteich und das Natur-theater an. Im elbaufwärts gelegenen Dorf Pillnitz entstand ein chinesisches, elbabwärts in Übigau ein persisches Schloß. Das Jagdschloß Moritzbug wurde um zwei Stockwerke erhöht.

Ganz Dresden wurde bei Casanovas Besuch schon von der neun Jahre zuvor fertiggestellten stei-nernen Glocke, der protestantischen Frauenkirche George Bährs, überragt.

Überall stieß Giacomo Casanova auf die Bauten, die der allmächtige Premierminister Heinrich Graf Brühl errichten ließ. Dieser hatte das hoch am Elb-ufer gelegene schönste Stück der Festungsanlagen erworben, baute es gerade zur berühmten »Brühl-schen Terrasse« aus. Mit Brühlschem Palais, der 1748 fertiggestellten Brühlschen Bibliothek, Garten-pavillon, Galerie, Belvedere...

Kräftig baute man auch noch an den oberen Stockwerken des Turmes der Katholischen Hofkir-che. Augusts Sohn, August II. (als König von Polen August III.), hatte 1736 den italienischen Architek-ten Gaetano Chiaveri nach Dresden geholt. Dieser rief Bauleute aus seiner Heimat an die Elbe. Zusam-men mit Dichtern, Schauspielern, Geistlichen und Sängern bildeten die Italiener hier eine beachtliche Kolonie. Doch die Gelder für die Hofkirche flossen immer spärlicher. Enttäuscht und verbittert hatte Chiaveri 1749 dem halbfertigen Bau und Dresden den Rücken gekehrt.

Einem anderen berühmten Landsmann konnte Casanova am Zwingergraben, am Altmarkt oder der Kreuzkirche begegnen. Mit seiner großen Ca-mera obscura und Skizzenblock hantierte dort Ve-duten-Maler Bernardo Bellotto genannt Canaletto!

Der Venezianer war 1747 mit seiner Frau Maria und seinem dreijährigen Sohn Lorenzo in Dresden eingetroffen, mit einer Star-Gage von 1 750 Talern zum Hofmaler ernannt worden.

Eine willkommene Abwechslung mag der Abschluß der Weinlese mit Bacchusfest und festlichem Winzerumzug im Elbtal geboten haben. Casanova ließ einspannen, sich die wenigen Meilen elbabwärts zum Dorfe Kötzschenbroda kutschieren. Von den Höhen grüßte das Spitzhaus, dessen Turm 1749 erneuert worden war. Von Ferne sah er, wie Winzer und Winzerinnen die mit köstlichgelben Rispen prall gefüllten Putten auf steinigen Pfaden der terrassenförmig angelegten Steilhänge zum kurfürstlichen Weingut Hoflößnitz hinunterbalancierten. In dem Fachwerkbau hatten die Wettiner seit alten Zeiten neben der Presse ihr mit kunstvollen Dekken- und Wandmalereien ausgestattetes Lust- und Berghaus in der Lößnitz. Hier hatte August der Starke rauschende Feste mit wahren Schlemmer-Gelagen gefeiert..

Seit zwei Jahren war die große Verbindungstreppe mit 325 Stufen zwischen Herren- und Spitzhaus fertig. Während Alt und Jung fröhliche Weinlieder sangen, labte sich der Italiener am Kötzschberer Wein, tätschelte die jungen Mädchen unter den Röcken.

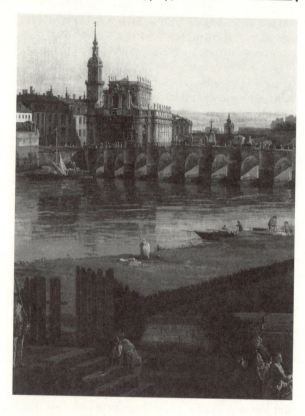

*Dieser Ausschnitt eines Canaletto-Gemäldes
zeigt die Bauarbeiten am Turm der Katholischen Hofkirche,
so wie sie Casanova sehen konnte.*

MUTTER ZANETTA – DIE SÄCHSISCHE
HOFSCHAUSPIELERIN

Die Anwesenheit Giacomo Casanovas 1752 in Dresden – er kam in Begleitung seines jüngeren Bruders Francesco (1727 – 1803), dem später berühmt gewordenen Schlachtenmaler – war kein Zufall. Mutter Zanetta Giovanna Maria (1708 – 1776), geborene Farussi, wollte die Söhne schon lange einmal wiedersehen.

Die Schusterstochter von der Insel Burano hatte 16jährig Casanovas Vater geheiratet, den Schauspieler Gaetano Casanova (1697 – 1733). Als erste Liebhaberin erlangte sie an Theatern in London und St. Petersburg unter dem Namen »La Buranella« bald selbst einen bedeutenden Ruf. 1737 bekam die Mutter von sechs Kindern einen langfristigen Vertrag am Hoftheater Dresden. Nach dem Tode Augusts des Starken hatte der sächsische Hof seine Gunst wieder stärker der italienischen Kunstrichtung zugewandt. August II. und Kurfürstin Maria Josepha wollten das italienische Schauspiel in ihren Residenzen beleben, suchten geeignete Mimen. Mit der Witwe Casanova, die ihren provinziellen Taufnamen Zanetta in den schöner klingenden Giovanna umgewandelt hatte, trafen noch fünf weitere Schauspieler aus Italien ein. Die Casanova spielte wie eh und je die Rolle der ersten Liebhaberin.

Zum Schauplatz ihrer Aufführungen in Dresden wurde das große Opernhaus sowie das kleine Theater am Zwinger, das 1748 abbrannte. Hielt der König in Warschau Hof, spielte die Gesellschaft dort im 1748 neu erbauten Komödienhaus.

Der erste Auftritt der Truppe vor dem Hofe fand am 12. Mai 1738 anläßlich der Vermählung der Prinzessin Maria Amalia von Polen und Sachsen mit dem König Don Carlos von Neapel auf Schloß Pillnitz statt. Alle nach Pillnitz befohlenen Künstler der Kapelle, des Balletts und des Schauspiels wurden auf der Elbe in schwankenden Schuten zum Wasserpalais befördert.

Zusammen mit dem Hofe reiste Casanovas Mutter zwischen Dresden und Warschau, mit Abstechern zu den Frühjahrs- und Herbstjagden auf Schloß Hubertusburg, wie eine Nomadin hin und her.

Vom Jahre 1750 ist eine Theaterkritik zu Giovanna Casanova überliefert. Der ungalante Rezensent: »Sie ist über 40 Jahre alt. Ihr Körper ist dick und groß, ihr Gesicht ist alt, trotz der theatralischen Magie! Eine böse Frau, einen rechten Teufel von einer Frau würde sie besser vorstellen, als die Liebhaberin.«

So muß sie auch ihr ältester Sohn Giacomo bei seiner ersten Dresden-Visite erlebt haben: Etwas zu füllig, mit rauher Stimme. Aber voller Temperament, Schlagfertigkeit und natürlich Routine im Stegreifspiel.

Sie blieb eine Dresdnerin, deren Leben auch nach der Bühnenlaufbahn durch die jährliche Hof-Pension von 400 Talern gesichert war.

Neben Mutter Zanetta wird 1752 unter den Tänzerinnen auf der Dresdner Bühne erstmals eine Signora Casanova erwähnt – keine andere als Casanovas damals 20jährige Schwester Maria Maddalena Antonia Stella (1732–1800). Spätestens seit 1745 bis zu ihrem Lebensende wohnte sie in Dresden.

1753 vermählte sich die Tänzerin mit dem sächsischen Hofcembalisten und Hoforganisten Peter August (1726–1787). Dieser unterrichtete auch die sächsischen Prinzen und Prinzessinnen in Musik. Er war der Sohn des Kammerdieners Augusts des Starken. Vom Vater, der wie der Sohn Peter August hieß, erzählt die Hoffabel, daß ihn Kurfürst August und Zar Peter bei einer gemeinschaftlichen Jagd im Walde als hilflos und verlassenen Knaben fanden. Sie nahmen ihn auf, ließen ihn auf beider Namen als Peter August taufen.

Casanovas Schwester und der Hoforganist hatten eine Tochter Marianne, deren Ehemann den Abenteurer in seinen letzten Lebenswochen umsorgte.

Die Dresdner Hofoper (erbaut 1719) war zu Casanovas Zeiten eine der besten und größten Bühnen Europas.

EIN HERRLICHES GESCHENK
VON GRAF BRÜHL

Auf diesen kalten, aber sonnigen Februartag hatte der Venezianer Tage gewartet. Die Hausherrin war bei einer Freundin. In weniger als einer Minute befreite er deren schöne Tochter von den lästigen Hüllen, bedeckte ihren reizenden Körper mit feurigen Küssen. Sie war groß und schlank gewachsen und kein Kind mehr. Oberhalb ihrer Pforte zum Tempel der Liebe bildeten kleine Löckchen schon einen Flaum.

»Mein Liebes, ich werde dir sehr weh tun«, hauchte er. Gerade von der galanten Krankheit genesen, vergingen die zwei wonnevollen Stunden vor dem prasselnden Kamin wie im Fluge.

Dann hatte es Casanova sehr eilig, ließ sich von zwei in schwarze Fracks mit gelben Aufschlägen besetzt gekleideten Rats-Chaisenträgern über die buckelige, holprige und vereiste Pflasterung der Dresdner Straßen und Plätze zum Theater tragen. Den rotsamtenen Polsterkissen und seidenbespannten Wänden der Sänfte entströmte ein feiner Duft von Moschus. Welche der weißgepuderten Lockenperücken mag wohl vor ihm das Sitzkissen mit dem edlen Körperteil gewärmt haben?

Der Weltreisende in Sachen Liebe ließ nur einige Minuten der Phantasie freien Lauf. Er mußte zur Generalprobe seiner eigenen Komödie! »Um den Schauspielern und besonders meiner Mutter ein Vergnügen zu bereiten«, steht in Casanovas Memoiren, »verfaßte ich eine Tragikomödie, worin ich zwei Harlekine auftreten ließ. Es war eine Parodie der ›Feindlichen Brüder‹ von Racine.«

Casanovas Harlekinade erlebte am 22. Februar 1753 eine rauschende Premiere, war für Dresden ein Ereignis. »Der König lachte herzlich über die komischen Bosheiten, mit denen mein Stück gespickt war, und ich erhielt von ihm und seinem Minister, dessen Prachtliebe nirgends in Europa ihresgleichen fand, ein herrliches Geschenk.«

Die in der Residenz erscheinende Zeitung »Dresdnische Merkwürdigkeiten« berichtete über die Aufführung: »Den 22. Febr. repräsentierte man die 13. italienische Commödie, betitelt Moluccais oder die Zwillinge und Nebenbuhler bei Hofe, und war solches eine sehenswürdige Action, weilen es dabey schneiete, und eine Schlittenfahrt, Ring-Rennen, Tournier, auch Feldschlacht, gehalten und war solches alles so lustig und comique vorgestellet, daß die Allerhöchsten Königlichen Herrschaften darüber Dero besonderes Vergnügen bezeigten.«

Casanovas bizarrer Einfall: Er verlegte die bei Jean Racine eigentlich im klassischen Griechenland spielende Handlung auf die Gewürzinseln der Südsee, ließ die ganze Truppe, einschließlich Mama Zanetta, drei Akte lang als Wilde auftreten.

Die »Moluccais« waren schon das zweite Bühnenwerk, das der umtriebige Casanova für das Dresdner Hoftheater geschrieben hatte!

Das erste erhielt er als Auftragsarbeit – die Übertragung des französischen Librettos der Oper »Zoroastre« ins Italienische. Sie war mit der Musik des Hofkompositeurs Ludwig XV. am 5. Dezember 1749 in Paris uraufgeführt worden.

Über seinen königlich-kurfürstlichen Auftrag schreibt Casanova: »Der Gesandte des Königs von Polen und Kurfürsten von Sachsen am Versailler Hof, Graf von Loss, lud mich im Jahre 1751 ein, eine französische Oper ins Italienische zu übertragen. Ich wählte den Zoroaster des Monsieur Cahusac. Ich mußte die Worte der Musik der Gesänge anpassen, was eine schwierige Sache ist. Daher blieb denn auch die Musik schön, aber die italienische Poesie war nicht gerade glänzend. Trotzdem ließ der freigiebige Monarch mir eine schöne goldene Tabaksdose überreichen…«

Dazu erhielt Casanova im Februar 1752 hundert und bekam im März nochmals achtzig Taler in Paris ausgezahlt. Am 7. Februar 1752 war die Premiere im Großen Opernhaus in Dresden.

Die Dresdner Hofoper – sie brannte beim Aufstand am 6. Mai 1849 ab – war damals nicht nur eine der besten, sondern vor allem eine der größten Bühnen Europas. 2000 Zuschauer faßte der 1719 errichtete Musentempel, ungerechnet der herrschaftlichen Logen. Der Unterhalt verschlang Millionen. Ein einziges Ballett soll 36 000 Taler gekostet haben.

Zur Inszenierung des italienisierten »Zoroastro« ließ man den ersten Maschinenmeister der Pariser Oper, den Venezianer Pietro Algeri, nach Dresden kommen. Er richtete die Verwandlungsmaschinen für das Zauberstück in fünf Akten ein, erhielt allein 1200 Franken Reiseentschädigung.

Giovanna Casanova spielte die Erinice, Casanovas Schwester tanzte im Ballett. Das einzige bekannte Exemplar des gedruckten Textbuches mit dem Namen des Übersetzers Giacomo Casanova

Heinrich Graf von Brühl
(1700–1763).

aus der Sächsischen Universitäts- und Landesbibliothek gilt seit 1945 als verschollen.

Vielen Premierenbesuchern seines Erstlingswerkes begegnete Casanova 1752/53 in Dresden persönlich. Eine treffliche Schilderung glückte ihm zu Sachsens Regenten: »Ich hatte in Dresden häufig die Gelegenheit, den König zu sehen; er liebte seinen Minister, den Grafen Brühl, weil sein Günstling das doppelte Geheimnis besaß, noch verschwenderischer zu sein als sein Gebieter und ihm alles zu ermöglichen. Niemals war ein Monarch ein so angesagter Feind der Sparsamkeit; er lachte über die Schelme, die ihn bestahlen, und gab viel aus, um viel lachen zu können. Da er nicht Geist genug hatte, um über die Dummheiten anderer Fürsten und über die Lächerlichkeiten des menschlichen Geschlechtes lachen zu können, so hatte er vier Spaßmacher in seinem Lohn…«

Casanova scheint alle vier der legendären Hofnarren persönlich erlebt zu haben: Hoftaschenspieler Joseph Fröhlich, Kammer-Courier Baron Schmiedel, Saumagen und Leppert aus Leipzig.

Noch Jahrzehnte später zehrte er von den Erinnerungen: »Dresden hatte den glänzendsten Hof, den es damals in Europa gab. Die Künste standen in hoher Blüte.«

Trotzdem hielt es den Venezianer zum Ende des Karnevals – der Aschermittwoch 1753 fiel auf den 7. März – nicht länger an der Elbe. Die Weiterreise nach Prag trat Casanova mit der Post an. Für Dresden war diese Verbindung mittels einer bedeckten Kalesche seit September 1752 eine neue Errungenschaft. Abgefahren wurde jeden Sonntag früh 8 Uhr, die Meile kostete pro Person 20 Kreuzer.

MIT MATON IM DRESDNER HOTEL
»STADT ROM«

Man schrieb das Jahr 1766. Eine Kutsche aus Polen rollte über Sachsens holprige Straßen gen Dresden. In ihr ein junges, verführerisches Mädchen in Begleitung eines 41jährigen Herrn mit fremdem Akzent: Giacomo Casanova!

Der internationale Star der Abenteurer hatte sich 13 Jahre lang nicht in Sachsen blicken lassen. Sein bisheriges Leben – ein Pendeln zwischen Himmel und Hölle! 1756 war ihm die spektakuläre Flucht aus den berüchtigten Bleikammern von Venedig gelungen. 1757 erlebte ihn die Welt in geheimer Mission in Dünkirchen, ein Jahr später im Auftrag der französischen Regierung in Holland. Außerdem hatte er eine Lotterie organisiert, eine Seidenmanufaktur gegründet, war wegen angeblicher Wechselfälschung inhaftiert worden. 1760 traf er mit dem Schriftsteller und Philosophen Voltaire zusammen. Papst Clemens XIII. verlieh ihm den Orden vom Goldenen Sporn. In London wollte man Casanova nach den Falschaussagen von drei alten Kupplerinnen zu lebenslanger Haft verurteilen – er konnte den Richter von seiner Unschuld überzeugen. In den Gärten von Sanssouci sprach er 1764 mit Friedrich II. und ein Jahr später an der Newa mit Rußlands Zarin Katharina II.

Doch jetzt hatte die Sonne seines Glücks den Zenit überschritten. Zwar reiste Casanova noch im eigenen Wagen, führte Koffer mit goldbordierten

Seidenkleidern mit sich. Aber die Kostüme waren etwas abgetragen, er hatte keine Vorreiter mehr, mußte sich mit einem Diener begnügen. Und die Brieftasche war leichter als sonst.

Doch auch Dresden hatte sich verändert. Während des Siebenjährigen Krieges wurde 1760 bei dem Bombardement preußischer Belagerungsgeschütze neben mehreren hundert Wohnhäusern auch die Kreuzkirche zerstört. Brühls Belvedere war auf Befehl Friedrich II. geschliffen worden. Sachsens Kurfürst Friedrich August II. weilte schon drei Jahre nicht mehr unter den Lebenden. Sein Premierminister Brühl war ihm drei Wochen später ins Jenseits gefolgt. Rechtzeitig genug, um sich der peinlichen Untersuchung seiner korrupten Mißwirtschaft zu entziehen.

Kurfürst Friedrich Christian – ihm verdankte Sachsen eine tiefgreifende Staatsreform – rissen die tödlichen Blattern nach nur 74 Tagen Herrscheramt vom Thron. Für seinen noch unmündigen Erben Friedrich August III. hatte dessen ältester Onkel, Generalleutnant Xaver Prinz von Sachsen, als Administrator die Regierungsgeschäfte übernommen. Am 12. Mai berief Prinz Xaver zum ersten Male die Ständeversammlung , eine Art Landtag, nach Dresden ein.

Die tagte noch, als Casanova Ende Juli als Held nach Dresden kam.

In Warschau hatte er gerade ein aufsehenerregendes Pistolenduell mit dem Untermundschenk der Krone, General Branicki, überlebt. Wegen der Schußverletzung trug er noch den Arm in der Schlinge.

Seine Abreise aus Polen war nicht freiwillig erfolgt. Er war ausgewiesen worden.

Man weiß sogar, wo er in Sachsens Residenz

Das Dresdner Hotel Stadt Rom
war im Jahr 1766 Casanovas Liebesnest.

abstieg: im feinen Hotel »Stadt Rom« an der Ecke des Neumarktes und der Moritzstraße. Casanova selbst: »Ich mietete den ganzen ersten Stock. Meine Mutter war auf dem Lande; ich fuhr sofort zu ihr hinaus, und sie war überglücklich, mich zu sehen, besonders meinen Arm in der Schlinge, der für Aufsehen sorgte… Ferner suchte ich meine Schwester, die Frau von Peter August, auf. Hierauf ging ich… zum Starosten Graf von Brühl, um ihm und seiner Gemahlin, der Tochter des Woiwoden von Kiowien, meine Aufwartung zu machen. Sie war entzückt, Neuigkeiten von ihrer Familie zu hören. Ich wurde von aller Welt gefeiert und mußte überall die Geschichte des Duells erzählen. Ich erzählte willig, denn ich war eitel darauf.«

Noch am späten Nachmittag besuchte er die Oper, welche die Spielzeit am 30. Juli mit der Vorstellung »Die Reise und Zurückkunft der Schiffer von Galuppi« beschloß.

Casanovas Blicke irrten jedoch weniger auf der Bühne umher. Vielmehr hielt er Ausschau nach Kavalieren, die einem kleinen Spielchen nicht abgeneigt waren. Schon seit Wochen zehrte er von den 1000 Dukaten, die ihm der polnische König bei der Ausweisung überließ. Alle Kräfte konnte er auf die Zockerei an der Pharaobank konzentrieren.

Denn das Nötigste hatte sich Casanova gleich mitgebracht: Maton, das 20jährige Mädchen aus Breslau, das in Dresden für 50 Taler im Jahr eine Gouvernanten-Stelle annehmen wollte.

Casanova zahlte ihr die 50 Taler sogar im Monat. Damit die hübsche, junge, gepflegte Schlesierin nicht drei adlige Töchter, sondern ihn selbst umsorgte – bei freier Unterkunft.

»Am Abend des ersten Tages, den ich in Dresden zubrachte, gefiel mir Maton beim Souper sehr. Ich fragte sie zärtlich und sanft, ob sie mein Bett teilen wollte, und sie antwortete mir im herzlichsten Ton, sie sei ohne jeden Rückhalt mein. Als wir nach unserer Brautnacht aufstanden, waren wir die besten Freunde von der Welt.«

Diese Beziehung pflegte Casanova 14 Tage intensiv. Er kaufte ihr alles, womit ein Liebhaber der mittellosen Herzensdame damals Freuden bereiten konnte: Kleid, Hemdchen, Strümpfe, Unterröcke, Häubchen, Schuhe... Maton kam kaum aus dem Bett, durfte ihr Hotel nur zu kleinen Spaziergängen verlassen. Unzählige Stellungen sollen sie im Lotterbett und im kleinen Erker bis spät in die Nächte ausprobiert haben.

Dann nahm das Erlebnis mit Maton ein schnelles Ende. Bei einem Besuch in der Wohnung seiner Mutter im dritten Stock eines nahegelegenen Hauses in dem sich auch das »Hotel de Saxe« befand, beobachtete Casanova, wie seine Flamme vom Erker aus eine Liebelei mit einem jungen Schweizer Offizier namens Graf Bellegarde begann. Zu allem Unglück mußte der Abenteurer auch noch bemerken, daß das adrette Mädchen gar nicht so sauber war, wie er geglaubt hatte.

»Schon am Abend sah ich mit Schrecken, daß eine galante Krankheit mit sehr häßlichen Symptomen mich befallen hatte. Ich kannte mich darin zur Genüge aus, um mich nicht zu täuschen. Ich war sehr ärgerlich und wußte, daß sie nur ein Geschenk von Maton war, denn seit Lemberg hatte ich mit keiner anderen Verkehr gehabt.«

Mag sein, daß es diesmal sogar die Syphilis war.

Jedenfalls knöpfte er sich die kleine Gaunerin zornig vor.

»Bei Tagesanbruch stand ich auf, trat in ihr Zimmer und zog die Bettvorhänge auf; sie wurde wach davon. Ich setzte mich an ihr Bett und schlug ihre Decke zurück. Ich nahm unter ihr ein dickes Handtuch weg und hatte den ekelhaftesten Anblick, der mich abstieß. Darauf untersuchte ich alles, was mich vorher nicht interessiert hatte, ohne daß ich Widerstand spürte. Ich sah scheußliche Symptome. Sie gestand mir unter Tränen, sie sei schon seit sechs Monaten krank; sie habe jedoch gehofft, daß sie mich mit ihrer Krankheit nicht anstecken werde, denn sie habe sich immer sehr saubergehalten und stets sorgfältig gewaschen, sooft sie vorausgesehen habe, daß ich mit ihr ins Bett gehen würde.«

Casanova jagte sie davon und begann mit seiner üblichen Kur. Er freute sich diebisch darüber, daß sich ein halbes Dutzend junger sächsischer Offiziere später ebenfalls bei Maton ansteckte.

Dresden war eben ein heißes Pflaster, eine europäische Metropole der Lebenslust. Eine Stadt, die man unbedingt erleben mußte...

BRUDER GIOVANNI –
VOM FÄLSCHER ZUM REKTOR

Giacomo Casanova hatte genug von dem sündigen Hotel, in dem er seine Gesundheit und für geraume Zeit wohl auch seine Liebesfähigkeit einbüßte. Für fünfunddreißig Taler mietete er auf sechs Monate das erste Stockwerk des Hauses, das neben dem »Hotel de Saxe« die Wohnung seiner Mutter und auch die seines Bruders Giovanni Battista Casanova (1730 – 1795) beherbergte.

Giovanni war eine Lichtgestalt im alten Dresden, ein umtriebiger Geist, der selbst mannigfaltige Abenteuer überstanden hatte. Am 1. Dezember 1764 war er als einer der ersten Professoren an die eben gegründete Dresdner Kunstakademie berufen worden.

Schon achtjährig kam Giovanni mit Mutter Zanetta nach Dresden. Der begabte Italiener, der unter Louis de Silvestre und Christian Wilhelm Ernst Dietrich Malstudien machen durfte, war 1752 mit einer Pension von 300 Talern nach Rom gegangen, arbeitete dort beim großen Anton Raffael Mengs.

Der in Aussig als Sohn des Malers Ismael Mengs 1728 geborene Jüngling, war in einem verschlossenen Hause der Dresdner Neustadt vom Vater buchstäblich zum Maler großgeprügelt worden. Mit Erfolg. Als er im Alter von 17 Jahren die schönen Pastellporträts der Königsfamilie geschaffen hatte, stellte man ihn mit 600 Talern Gehalt als Hofmaler, zweiundzwanzigjährig schon mit 1000 Talern als

Akademie-Rektor Giovanni Battista Casanova
(1730 – 1795).

Oberhofmaler ein. Mit dem Auftrag, in Rom das Hochaltarbild für die Dresdner Katholische Hofkirche zu malen, reiste er 1751 nach Italien.

In Rom war Giovanni Casanova Hausgenosse bei Mengs und galt als bester seiner Schüler, ja als begabtester Zeichner der Stadt am Tiber.

Bei Mengs lernte im Herbst 1755 auch der 38jährige Johann Joachim Winckelmann aus Stendal den 25jährigen Zeichner und Restaurator Casanova kennen. Winckelmann war seit 1748 einige Jahre Bibliothekar des sächsischen Ministers Heinrich Graf von Bünau auf Schloß Nöthnitz bei Dresden gewesen.

Der Begründer der modernen Archäologie Winckelmann, von Goethe und seinen Zeitgenossen als Erwecker der Antike verehrt, schwärmte für Casanova, wurde sein Bewunderer. Und er gewann den talentierten Mengs-Mitarbeiter als Illustrator für die »Monumenti« – jenes großangelegte, zweibändige Werk über damals noch unbekannte antike Denkmäler. Doch aus beider Freundschaft wurde Feindschaft.

Was war geschehen? 1764 hatte Casanova ein Porträt des Freundes mit Bleistift gezeichnet. Ihm dabei ein Doppelkinn angedichtet, den Mund eines Genießers aufs Papier gebannt. Vorher fand Casanova bestätigt, was über Winckelmann an Gerüchten kursierte, die der Star-Archäologe seit Jahren zu verbergen versuchte: seine homosexuellen Neigungen. Giovanni war unangemeldet bei Winckelmann eingetreten, überraschte ihn bei einer kompromittierenden Szene mit einem halbwüchsigen Jungen.

Dann muß Winckelmann seinem Mitarbeiter auch noch widerrechtlich Honorar vorenthalten

Anton Raphael Mengs
(1728 – 1779).

und in aller Öffentlichkeit geplaudert haben, daß Casanova vor allem seiner Befürwortung die Professur in Dresden verdankt.

Jedenfalls reiste Giovanni Casanova, ohne dem Freund und Gönner Lebewohl zu sagen, im September 1764 mit seiner hochschwangeren Freundin Teresa nach Dresden ab. Teresa Roland (1744–1779) – die leichtfertige Tochter des französischen Gastwirts Roland am Spanischen Platz in Rom – wurde im gleichen Jahr Casanovas Ehefrau.

Monate danach platzte eine Bombe, die mit List und Tücke von sachkundiger Hand rachevoll gelegt war: Viel zu spät erkannte der in seiner Eitelkeit zu Tode gekränkte Winckelmann, daß ihm der gemeine Casanova unter die Zeichnungen für die »Monumenti« sieben böse Fälschungen untergejubelt hatte. Eins der Spaßaltertümer hatte sogar Mengs fabriziert.

Winckelmanns Unvermögen, diese »etruskischen Fresken« vor der Drucklegung zu enttarnen, veranlaßte Casanova später, Schmutzkübel voller Spott über den einstigen Freund zu gießen.

Über den Ganymed, den Mengs gefälscht hatte, ließ Winckelmann unvorsichtigerweise drucken, daß der Knabe »ohne Zweifel eine der allerschönsten Figuren sei, die aus dem Altertum übrig sind.« Casanovas Falsifikate – unter anderem drei Tänzerinnen darstellend, die sich vor Pallas wegen ihrer Neugier entschuldigen – erschienen ihm die ältesten aller alten Fresken zu sein.

Mit welch großer Schadenfreude mußte es da Winckelmann erfüllen, als geraume Zeit nach der Abreise des Schelms aus Rom ein Gerichtsprozeß gegen den bis dahin unbescholtenen Maler ins Rol-

Johann Joachim Winckelmann
(1717–1768).

len kam. Casanova hatte von Bologna aus eine Schuldverschreibung über 3850 Scudi nach Rom gesandt. Sie war ausgestellt auf einen Belisar Amidei. Dieser focht den Wechsel an und verklagte Casanova wegen Fälschung. Am 16. Mai 1767 verurteilte man Giovanni Casanova in Abwesenheit zu zehn Jahren Galeere. Das Urteil wurde an den großen Plätzen Roms durch Aushänge veröffentlicht.

Den Maler Casanova beeindruckte das nicht mehr – er war längst in Sachsen und in Sicherheit!

Während Winckelmann am 8. Juni 1768 in Triest unter bis heute nicht restlos geklärten Umständen in einem Gasthaus ermordet wurde, erfreute sich sein Widersacher großer Popularität. Vor allem machte er an der zum 6. Februar 1764 neu gegründeten Dresdner Kunstakademie eine glückliche Karriere.

Giovanni Battista Casanova, der Vorlesungen über die Theorie der Malerei hielt, ab 1781 die Direktion und ab 1785 auch noch die Vorlesungen über Antike übernahm, erhielt jährlich 300 Taler Sold.

Als Lehrer, der den Stoff immer aktuell und amüsant zugespitzt präsentierte, war er beliebt und hochverehrt.

Üppige Nebeneinkünfte flossen ihm durch Zeichnungen nach Antiken und Gemälden zu, die bis an die Fürstenhöfe nach Rußland und England gelangten. Vor allem huldigte Casanova dem Zeitgeschmack, fertigte großformatige historische Inventionsbilder wie sein »Ulysses und Calypso« (120 mal 150 Zentimeter) vom Jahre 1768. Auf dem Breitbild begegnet dem Betrachter ein tizianbrauner, nackter Heldenkörper und die blaß-blonde, im Sitzen dargestellte Tochter des Nereus. Ihre Blicke sind leer, die Haltung der beiden recht ausdruckslos – typisch für die Werke des Venezianers, der eben mehr ein Theoretiker, Anatom und Ruinenzeichner war.

»Er zeichnet korrekt«, vertraten schon seine Zeitgenossen die einhellige Meinung. Doch zum großen Maler fehlte ihm die Genialität. Casanovas Credo: Die freie künstlerische Erfindung nach Motiven aus der Bibel, der Geschichte und der Mythologie.

Als ihm nach Mengs Tod 1779 dessen Handschriften in die Hände fielen, ließ er diese vermutlich in seine vielbeachtete Theorie der Malerei einfließen.

Vom Akademie-Rektor und Kunstschriftsteller Casanova ist noch bemerkenswert, daß er eine große Privatsammlung von Münzen, Gemmen (Figuren aus Edelsteinen) und Gemälden besaß. Unter den Gemälden (Wert 5 100 Taler) ragten klangvolle Namen wie Franz Hals, Mengs und Dietrich heraus. Das Glanzstück war ein Corregio.

Obwohl sich der Abenteurer und Memoirenschreiber Giacomo und sein zu hohen Lehrämtern gelangter Bruder Giovanni in so vieler Hinsicht ähnelten, waren ihre Beziehungen immer die denkbar schlechtesten.

Begegnungen wurden, wie es scheint, auf ein Mindestmaß begrenzt. Korrespondenzen sind kaum vorhanden. Man konnte sich nicht leiden. Der jüngere Bruder verachtete den Weltenbummler.

1784 unternahm Giacomo einen Versöhnungsversuch, den ein Briefentwurf aus Dessau vom 9. Januar dieses Jahres dokumentiert und der gleichzeitig einen späteren Dresden-Besuch ankündigt:

»Herr Giovanni, mein liebster Bruder!

Giacomo Casanova, der immer Dein liebender

*Das Grabmal von Giovanni Battista Casanova
auf dem Alten Katholischen Friedhof zu Dresden.*

Bruder war, wird am 13. ds. Mts. wieder bei Dir vorbeikommen, um sodann am 14. seine Reise fortzusetzen. Er ladet Dich mit diesem und freundschaftlichen Schreiben zu einer Unterredung ein, von der er wünscht, daß die Wirkung eine vollständige Versöhnung zwischen ihm und Dir sei, der Du ihm am ersten Tage des Jahres Grund gabst, Dich für seinen Feind zu halten. Dein Bruder Giacomo liebt und schätzt Dich, aber nicht dermaßen, um Deine Verachtung zu erdulden, noch daß die Welt, die sich nach Deiner Handlungsweise richtet, annehmen könnte, daß Du irgendeinen rechtlichen Grund hast, Dich über ihn zu beklagen.

Gefälligkeit, Sanftmut und Mäßigung könnten Dich, mein geliebtester Bruder, ebenso ansehnlich machen wie Dein Talent und vielleicht noch mehr gegenüber jenen, die von Deinem Blut sind und der Welt Zeichen gaben, die Ehre und den guten Namen zu lieben, soviel Du davon gegeben haben kannst.«

Wenn überhaupt gelungen, scheint diese Versöhnung von nicht langer Dauer gewesen zu sein. Denn vom 11. September 1790 ist noch ein Schreiben Giacomos von Schloß Dux an seinen Neffen Carlo, einem Sohn des Akademie-Rektors, überliefert:

»Ich werde nie mehr in meinem Leben mit Deinem Vater sprechen, aber erinnere Dich, daß Du ihn einzig und allein achten und ihm gehorchen sollst. Gott erhalte Dir ihn zum Besten Eurer Familie und Eurer Versorgung.«

Das Grabmal des 1795 verstorbenen Giovanni Battista Casanova steht noch heute auf dem Alten Katholischen Friedhof Dresdens.

DIE PRINZESSIN
ZUR LEIPZIGER MESSE

Zu den Austern wurde Champagner getrunken, zu den geschmorten Trüffeln Maraschino gereicht. Tokayer sorgte bei der 21jährigen Clotilde und ihrer noch nicht so erfahrenen, vier Jahre jüngeren Freundin für gelöste Stimmung.

Dann fragte Clotilde mit bedeutungsvollem Augenzwinkern: »Ist es recht, wenn ich das Bett herrichte?«. In weniger als fünf Minuten sahen sich die drei im Naturzustand. Die jüngere hatte braunen Flaum, die andere blonden. Beide öffneten ihre Schenkel, reckten dem Venezianer in rasender Wollust ihr Heiligtum entgegen.

Mit 3000 sächsischen Talern – vom Bankier Hohmann geliehen – war Casanova im goldenen September 1766 in Leipzig aufgetaucht.

Die Alleebäume hatten ein prächtiges Farbenkleid angelegt. Die letzten warmen Sonnenstrahlen des Jahres ließen die vornehmen Damen mit ihren breiten Hüten neben den Bäuerinnen und Handelsleuten aus ganz Europa im Gewimmel flanieren. Schon am Stadttor waren Casanova die Scharen von Hökerweibern aufgefallen, die mit ihren Kraxen, Körben und kleinen Warentischen aus den umliegenden Kirchdörfern über die Gassen zum Markt quollen. Die Fuhrleute kamen mit ihren Planwagen voller Fässer und Ballen kaum über die engen Straßen zur Ratswaage durch. Straßenfeger, Fiakerkutscher, Nachtwächter, Polizisten, Bäcker, Semmelwieger, Fleischer, Fischer, Markthelfer, Kontrolleure, Ratsdiener, Zettelträger, Gastwirte, Knechte und Dienstmägde waren Tag und Nacht auf den Beinen. Prager Schinken, Limburger Käse, Sandsiebe und Bartwichse, Pfifferlinge, Borsdorfer Äpfel, Bornaer Zwiebeln und Soleier – alles wurde zur Messe herangeschleppt.

Vor allem während der Abendstunden ging es in zahlreichen Weinkellern, Kaffee- und Wirtshäusern heiß her. Auch für die Stadtväter war es ein offenes Geheimnis, daß in den rund 40 Lustgärten mit ihren bedeckten Gängen, verschwiegenen Lauben und Vergnügungssalons Dirnen auf zahlungskräftige Fremde warteten.

»Da die Leipziger September-Messe sehr schön war«, schwelgte Casanova noch Jahrzehnte später in angenehmsten Erinnerungen, »so fuhr ich dorthin, um zu meiner Kräftigung recht viele Lerchen zu essen, die mit Recht sehr berühmt sind.«

Mit den gebratenen Lerchen – den echten Singvogel-Spezialitäten, die sorgsam gerupft von den Bäckermeistern nach dem Brotbacken in den noch warmen Ofen geschoben wurden – holte er sich jedoch nur Appetit für erotische Nachspeisen.

Ob Brezelfrau, Wirtstochter, Adelsdame oder Kurtisane – Casanova ließ sich selten einen Rockzipfel entgehen.

Auch nicht die damals 28jährige Prinzessin Marie Josefa von Auersperg, geborene Gräfin Neipperg. Sie war seit 1755 die zweite Gemahlin des Prinzen Johann Adam Auersperg, hatte ein Vermögen von 200 000 Gulden in die Ehe mitgebracht und alles schon innerhalb eines Jahres im Glücksspiel verloren. Die Dame war längst nicht mehr taufrisch, galt schon im Mädchenalter als sehr offen. Einer ihrer Liebhaber vor Casanova war sogar Kaiser Franz I.!

»Die Prinzessin von Auersperg, die von Wien eingetroffen war und in demselben Gasthof wohnte wie ich, hatte die Laune, die Messe zu besuchen, ohne erkannt zu werden.« Der Trick der Prinzessin: Sie ließ eine Kammerfrau als Prinzessin auftreten, lief als Zofe »Karline« unerkannt nebenher. Casanova durchschaute die Maskerade, sprach keck die falsche Zofe an: »Ich würde gern hundert Dukaten geben, um die Nacht mit Ihnen zu verbringen.«

Tatsächlich erschien »Karline« zum Stelldichein. Doch Casanova kam nur bis zum Vorspiel. Als er in der Kammer Licht machen wollte, flüchtete die Eroberung wie ein scheues Reh – womöglich war sie für weitergehende Eskapaden gerade indisponiert.

Der reisende Sex-Abenteurer hatte 100 Dukaten gespart, wandte sich sofort neuen Eroberungen, unter anderem einer lebenshungrigen 26jährigen Apothekersgattin zu…

»Gegen Ende der Messe empfing ich zu meiner großen Überraschung den Besuch der schönen Castel-Bajac. Sie erschien in dem Augenblick, als ich mich allein zu Tisch setzen wollte, um so recht mit Genuß ein Dutzend schöner Lerchen zu verspeisen und mich hierauf zu Bett zu legen.«

Casanova hatte sie bereits in London als Geliebte des Hasardeurs Marquis Louis de Castel-Bajac kennengelernt. Nach Leipzig war sie in Begleitung des 28jährigen Abenteurers und Glücksspielers Heinrich Bogislaw Graf Schwerin gekommen. Doch der Glücksspieler, der überall in Europa gaunerte, betrog und dann stets erfolgreich die Flucht ergriff, hatte in der Messestadt kein Glück, wurde wegen

Giacomo Casanova.
Kupferstich von
Heinrich Berka.

eines falschen Wechsels in Haft genommen. Hungrig, ohne einen Taler und nur ein dünnes Kleid am Leibe, suchte seine Begleiterin wieder Anschluß.

Casanova, dem sie auch nicht recht gesund erschien, zeigte in Erwartung der köstlichen Lerchen ein großes Herz: »Die Frau war unfraglich eine der hübschesten Frauen Frankreichs … Sie war die Frau eines Apothekers in Montpellier und hatte das Unglück gehabt, sich von Castel-Bajac verführen zu lassen … aber sie besaß alles, was eine Frau nur haben kann, um mir zu gefallen.«

Casanova nahm sie in der Kutsche mit nach Dresden, stellte sie Freunden und Verwandten als Gräfin Blasin vor und ließ sie von einem Arzt gründlich untersuchen.

»Jeden Tag bekam sie zwei Becher Gerstengetränk und hatte in kurzer Zeit ihre Gesundheit wieder. Gegen Ende November befand sie sich so wohl, daß sie imstande zu sein glaubte, mich einladen zu dürfen, mit ihr zu schlafen. Ich konnte ihr Vertrauen schenken; auch sehnte ich mich nach ihr. Die Brautnacht wurde in aller Heimlichkeit vollzogen.«

Während seines zweiten Dresdner Aufenthaltes 1766 beschäftigte sich Casanova nicht mehr mit dramatischen Werken. Aber der Poesie blieb er immer noch zugeneigt. Er arbeitete emsig an einer Übersetzung von Homers Ilias. In Dresden – Europas Zentrum der Kunstgelehrsamkeit und gleichzeitig ein Vorposten italienischer Kunst in Deutschland – scheint die Arbeit gute Fortschritte gemacht zu haben. Vielleicht lag es auch am trockenen, sortenreinen Elbtal-Wein oder den anregenden Amouren.

Am 29. November 1766, vierzehn Tage vor seiner Abreise nach Wien mit vier Tagen Aufenthalt in

Prag, schreibt er einem Bekannten, dem griechischen Kaufmann Demetrio Papanelopulo in Petersburg über die erfreulichen Ergebnisse bei Homer. Zwischen 1775 und 1778 – also ein Jahrzehnt später – wurden die ersten drei Bände der Übersetzung dann tatsächlich in Venedig gedruckt.

Mitte Dezember verläßt Giacomo Casanova ziemlich abgebrannt das winterliche Dresden.

»Ich hatte nur noch vierhundert Dukaten zu meiner Verfügung, weil das Glück mir an der Pharaobank den Rücken gekehrt und weil die Leipziger Reise mit allen ihren Folgen mich dreihundert Dukaten gekostet hatte.«

DER BIBLIOTHEKAR UND
DER ALCHIMIST IN DUX

Die Jahre verfliegen. Am 29. November 1776 starb Casanovas Mutter Zanetta, die alte Hofschauspielerin, in Dresden.

Seine ersten Lieben sind längst alt und runzlig. Doch oft sieht man Giacomo Casanova durch Sachsen reisen, hört von immer neuen Abenteuern aus ganz Europa – manche davon hätten ihn heute garantiert vor den Staatsanwalt gebracht! In einer Kutsche nach Rom vernascht er die reizende siebzehnjährige Engländerin Betty, in Neapel ergibt sich ihm die vierzehnjährige Callimena, in Salerno zieht ihn eine uneheliche Tochter namens Leonilda magisch an. In Triest vollzieht der Venezianer den Beischlaf mit einer afrikanischen Dienerin. Allmählich versagen die Künste des Verführers, steigen junge Mädchen wohl nur aus Mitleid in das Bett des gealterten Grandseigneurs.

Casanova schont sich auch nicht, spioniert als Geheimagent der spanischen Inquisition, versucht sich als Theaterimpressario, gibt eine Monatszeitschrift heraus – alles mit wenig Erfolg. In Paris hat man kein Verständnis für sein Riesenprojekt, einen Schiffahrts-Kanal längs der Pyrenäen zu errichten. Der von Geldnöten geplagte, aber immer noch ständig verliebte Globetrotter irrt wie eine abgetakelte Diva planlos umher. Monatelang führt er zwischen Wien, Dresden und Prag Bewerbungsgespräche – fast alle ergebnislos.

Casanovas Gönner
Joseph Karl Emanuel Graf Waldstein
(1755 – 1814).

Schließlich trifft er 1784 den gerade 29jährigen Joseph Karl Emanuel Graf Waldstein-Wartenberg – einen Nachkommen des legendären kaiserlichen Feldherren Albrecht Wenzeslaus Eusebius Wallenstein aus dem Dreißigjährigen Krieg. Der junge Waldstein ist Kammerherr des Kaisers, erbte neben Ländereien und dem nordböhmischen Herrensitz Kleinfels bei Trautenau die seit 1639 zum Familienbesitz gehörige Herrschaft Dux nahe der sächsischen Grenze mit dem Barockschloß.

Wie der Venezianer ist Waldstein ein Freund schöner Frauen, des Glücksspiels und aller Geheimwissenschaften, lädt Casanova zu alchimistischen Versuchen auf sein böhmisches Schloß ein. Waldstein besitzt rund um Dux Braunkohlegruben, Strumpfwirkereien und die Tuchfabrik Oberleitmeritz. In seinen Gewächshäusern züchtet man Ananas und seltene Pflanzen. Doch der Adelssproß ist nicht nur ein Unternehmer und Verschwender. Er ist auch Wohltäter, läßt das am Ende des Parkes in den Jahren 1716 bis 1728 rund um eine Kirche errichtete Schloßhospital für mittellose Duxer öffnen, als Armenhaus nutzen.

Anfang Herbst 1785 übernimmt Casanova die Stelle des Bibliothekars in Dux. Als er das weitläufige Schloß mit der großen Freitreppe betritt, ahnt Casanova nicht, daß dieser Ort für die letzten 13 Lebensjahre sein Schicksal wird.

Im prachtvollen Treppenaufgang blickten ihn die in zwei Reihen übereinanderhängenden Porträts der Waldsteins mit ihren bohrenden Blicken mißtrauisch an.

Im Hauptsaal mit der 32 Werke umfassenden Ahnengalerie wird Casanova vom sieben mal vier

Meter großen Riesengemälde mit dem berühmten Albrecht von Waldstein – eingedeutscht Wallenstein – verzaubert. Furchtlos stürzt sich dieser mit dem Roß ins Kampfgetümmel, schlägt die Türken in die Flucht. Mit bedeutungsvoller Mine mag Burghauptmann Wenzel Dorn Casanova auch auf das riesige Deckenfresko des böhmischen Meisters Wenzel Laurentius Reiner hingewiesen haben. Es wurde nach einer alten Familienlegende der Waldsteins gemalt, zeigt Ahnherr Heinrich, der seine 24 Söhne Böhmen-König Premysl Ottokar II. vorstellt. Dann darf er einen Blick in den Waffensaal, in die Porzellan-, Kunst-, Naturalien- und Antiquitäten-Kabinette des Grafen werfen, schaut in die Hexenküche des alchimistischen Labors.

In der Belletage des Nordflügels bezieht der müde Weltreisende zwei bequeme, je 30 Quadratmeter

Stadt und Schloß Dux zur Zeit Casanovas.

große Räume als Arbeits- und Schlafzimmer mit Blick zur Schloßkirche. Im Arbeitszimmer stehen ein Schreibtisch aus hartem Holz, ein Sessel mit genähtem Überzug, ein Regal mit Fächern.

Wir können uns einen 6ojährigen Mann vorstellen, der mit Lockenwicklern im Haar auf zwei Matratzen ruht, sein müdes Haupt auf drei Kopfpolster gebettet hat, von vergangenen Abenteuern träumt und laut schnarcht. Auf dem Tisch neben der Bettstatt mit roten Vorhängen tummeln sich die Essigfliegen in der halbleeren Weinkaraffe. Unter dem Bett steht der Nachttopf.

Mit dem Fieber des schaffenden Dichters schreibt Casanova bis zu 13 Stunden täglich an seinen Memoiren, durchlebt bei der Niederschrift noch einmal die glücklichen Zeiten.

Sonst entstaubt und ordnet er für 400 bis 600 Gulden jährlich die 40 000 Bände umfassende Grafenbibliothek. Ein mageres Salär für einen Mann, der 300 000 Francs pro Jahr auszugeben gewohnt war. Aber viel für einen Bücherwurm, der mit leerer Börse und desillusioniert in Böhmen eintraf. Waldstein billigt seinem wunderlichen Lockvogel sogar einen Diener und eine eigene Kutsche zu.

Die Kurgäste vom benachbarten Teplitz, die Wallfahrer zum Kloster Osseg – viele machen wegen des Abenteurers aus Italien einen Abstecher ins Duxer Schloß. Sogar Kaiser Joseph II. läßt sich von Casanova die von ihm verwaltete Bibliothek zeigen.

Doch abgesehen von gelegentlichen Besuchen des Adels der Umgebung und manchem Reisenden fehlt Casanova Unterhaltung.

Da stößt Maximilian Josef Freiherr von Linden in

die Duxer Einsamkeit vor. Der um 1736 in Deutschland geborene Alchimist gehört zu den Gestalten, die auch ein in die Jahre gekommener Casanova noch in seinen Bann zieht.

Linden war österreichischer Offizier, 1766 als Hauptmann aus der Armee ausgeschieden und wohnt in dem direkt an Casanovas Schloßräume angrenzenden, siebenten Zimmer des Ganges. Bis spät nach Mitternacht flackert die gelbblecherne Lampe in seinem Zimmer. Denn erst zu vorgerückter Stunde ruft Linden die Geister, murmelt Beschwörungsformeln, schreibt merkwürdige Hieroglyphen in ein dickes Buch.

1772 hatte er in Temesvar einen Rosenkreuzerzirkel gegründet, 1779 die »Freimaurer-Loge zur Beständigkeit« geschaffen, deren Meister vom Stuhl er lange Jahre war.

Tagsüber macht sich Linden als Fachmann für Färbemittel in der Tuchfabrik des Grafen nützlich. Abends jedoch studiert der Wundermann alte Zauberbücher, die Kabbala und den Paracelsus, versucht sich als Mediziner, als Teufelsbanner und Goldmacher.

Auch Casanova war auf dem Gebiet Spezialist. Von ihm ist sogar ein altes Geheimrezept zur Goldherstellung überliefert:

»Man nehme vier Unzen guten Silbers, löse es in Scheidewasser auf und fälle es nach den Regeln der Kunst mit einer Kupferplatte aus; hierauf wasche man es mit lauwarmem Wasser, um es vom Säurerest zu befreien. Dann lasse man es gut trocknen, mische es mit einer halben Unze Salmiak und lege es in einen verschließbaren Tiegel. Hierauf nehme man ein Pfund Federweiß und ein Pfund

*Dieser Rekonstruktionsversuch zeigt,
wie die Duxer Schloßbibliothek zu Zeiten Casanovas
ausgesehen haben soll.*

ungarischen Spießglanz, vier Unzen Grünspan, vier Unzen echten Zinnober und zwei Unzen Schwefelblüte. Alle diese Zutaten müssen zu Pulver zerstoßen und miteinander vermischt werden. Dann tut man sie in einen Destillierkolben von solcher Größe, daß er nur zur Hälfte von ihnen gefüllt ist. Dieser Destillierkolben ist auf einen Schmelzofen zu legen, der vier Züge hat; denn das Feuer muß bis zum vierten Grade gesteigert werden. Man muß mit einem mäßigen Feuer beginnen, das nur das Phlegma oder die wässerigen Teile ausscheidet. Wenn die Dämpfe zu erscheinen beginnen, muß man sie in den Tiegel strömen lassen, worin sich das Silber mit dem Salmiak befindet … wenn man es mit zwei Unzen Gold schmilzt, wird man vier Unzen Gold finden, das jeder Probe standhält, einwandfreies Gewicht hat und prägbar ist.«

Trotz der ungesunden Dämpfe beim Goldmachen überlebt der alte Hexenmeister Linden Casanova um drei Jahre, stirbt 1801.

DAS KIND DER PORTIERSTOCHTER

Eigentlich geht es Casanova in Dux nicht schlecht. Ist Graf Waldstein im Schloß, speist sein Bibliothekar an der gräflichen Tafel.

Gäste schätzen die geistvolle, wenn auch etwas schrullige Art des Italieners in antiquierter Kleidung.

Trotzdem lebt Casanova, der die deutsche Sprache mehr schlecht als recht beherrscht und vom Tschechischen nur wenige Brocken versteht, diese letzten dreizehn Jahre in einer ewigen Gereiztheit. Vielleicht ist sie eine Folge seiner Ausschweifungen, seiner vielen anstößigen Krankheiten. Menschenhaß und ein leichter Verfolgungswahn stellen sich ein. Er verzankt sich mit kleinen Provinzbeamten und Gelehrten, speit auch Gift und Galle gegen das Schloßpersonal, dessen Abneigung er sich wohl selbst durch ständig arrogantes Auftreten zuzieht.

Charles Joseph Fürst de Ligne – ein österreichischer Feldmarschall und Diplomat aus Teplitz, der zu Casanovas Freunden zählte – hat uns ein witziges, tragikomisches Charakterbild dieser Zustände hinterlassen: »Kein Tag verging, ohne daß es wegen seines Kaffees, seiner Milch, seiner Schüssel Makkaroni, die er verlangte, Lärm im Hause gab. Der Koch hatte ihm keine Polenta gemacht, der Stallmeister hatte ihm einen schlechten Kutscher gegeben, als er mir einen Besuch machen wollte. Die Hunde hatten die ganze Nacht hindurch gebellt. Es waren mehr Gäste gekommen, als Waldstein erwartet hatte; infolgedessen hatte Casanova allein an einem kleinen Tisch essen müssen. Ein Waldhorn hatte mit schneidenden oder falschen Tönen sein Ohr zerrissen. Der Pfarrer hatte ihn belästigt, indem er ihn bekehren wollte. Der Graf hatte ihm nicht zuerst ›Guten Morgen‹ gewünscht. Aus Bosheit hatte man ihm die Suppe zu heiß vorgesetzt. Ein Lakai hatte ihn zu lange warten lassen, als er trinken wollte. Man hatte ihn irgendeiner angesehenen Persönlichkeit nicht vorgestellt, die die Lanze sehen wollte, mit der der große Wallenstein durchbohrt wurde. Angeblich, weil der Schlüssel fehlte, in Wirklichkeit aber aus Bosheit hatte man ihm die Waffenkammer nicht öffnen wollen. Der Graf hatte ein Buch verliehen, ohne ihm etwas davon zu sagen. Ein Stallknecht hatte nicht seine Mütze vor ihm gezogen… ›Ihr Lumpenpack, ihr seid lauter Jakobiner!‹ ruft er. ›Ihr vergeßt euch gegen den Grafen – und der Graf vergißt sich gegen mich, indem er euch nicht bestraft!‹«

Die Dienerschaft haßt ihn. Haushofmeister Georg Feldkirchner und Diener Karl Wiederholt hecken immer neue Drangsalierungen aus, ersparen Casanova keine Demütigung, keine Lächerlichkeit, die ihn fast in den Selbstmord treiben. Sein Bild wird an einen Abort geheftet, und er selbst, der sich erfolgreich mit dem polnischen Kronkämmerer Branicki duelliert hatte, von einem Lakaien verprügelt.

Erst 1793 zieht Graf Waldstein den bösen Stachel aus Casanovas verwundeter Seele, entläßt Feldkirchner und dessen Kumpane.

Doch inzwischen setzt der gealterte Abenteurer Kummerspeck an, schlingt voller Gier Leckerbissen in sich hinein.

Die historische Bibliothekssituation mit Casanova am Schreibtisch,
wie sie heute den Besuchern von Schloß Dux begegnet.

Dann wird Casanova auch noch vorgeworfen, die liebenswürdige, 19jährige Tochter des Schloßportiers Jakob Kleer geschwängert zu haben. Oft war die ehrbare, etwas schüchterne Anna Dorothea zu ihm ins Zimmer gekommen, mit ihm zusammen in der Kutsche gesehen worden. Man munkelte, daß er ihr unter den Rock gegriffen, sogar bei Mondschein an ihrer Kammer gefensterlt hätte. Nun wurde das Mädchen eines Tages schwanger befunden.

Auf dem Markt, beim Bäcker und Fleischer – überall brodelte die Gerüchteküche. Die Mütter von Dux zeigten mit Fingern auf den alten venezianischen Lüstling.

Vater und Mutter Kleer quälten die unter Tränen zusammengebrochene Tochter vier Tage, um den Urheber der Entjungferung zu erfahren. Doch sie schwieg wie ein Grab. Wie es Casanova fertig brachte, daß der gräfliche Maler Franz Xaver Schöttner Ende 1786 – einen Monat vor der Niederkunft – das arme Mädchen zum Altar führte, wird wohl ewig ein Geheimnis bleiben. Das Kind der Anna, ein Mädchen, starb drei Wochen nach der Geburt.

Nur durch Reisen ins benachbarte Dresden und nach Prag entflieht der Bibliothekar den Verdächtigungen und der Duxer Tristesse. Doch seit 200 Jahren hält sich ein Gerücht, daß es in Dux von unehelichen Casanovas wimmelt.

CASANOVA UND MOZARTS
»DON GIOVANNI«

Am 15. Juni 1788 erlebt Wolfgang Amadeus Mozarts »Don Giovanni« in Leipzig seine erste Aufführung auf deutschem Boden. Der Theaterzettel der Prager Truppe weist die Oper als »Ein großes Singspiel« in italienischer Sprache aus. Ein Ausländer scheint sich unter die begeisterten Besucher gemischt zu haben: Giovanni Casanova – der Mann, der im Herbst 1787 am Libretto von Mozarts großer Oper feilte, ihr den richtigen Schliff verpaßte.

Wie war es dazu gekommen? Casanova kam in jenem Oktober 1787 ins Goldene Prag. In der Moldau-Stadt mit den berühmten Burgen, den von Legenden umwobenen Stätten des Hradschin und des Wyschehrad, des Veitsdoms mit den Heiligengräbern von Wenzeslaus und Johannes von Nepomuk, der deutschen Kaiser und der böhmischen Könige hatte der Abenteurer Freunde: Theaterunternehmer Pasquale Bondini ebenso wie das Ehepaar Duschek.

Bei Duscheks weilte gerade Wolfgang Amadeus Mozart und hier traf Casanova auch jenen Mann, dem er einst in Venedig die Welt der Mädchen und Dirnen zeigte: Librettist Lorenzo Da Ponte!

Lorenzo war 1749 als jüdischer Lederhändler-Sohn Emanuele Conegliano im Venezianischen geboren. Als er 14 Jahre alt war, ließ sich die gesamte Familie taufen. Emanuele nahm den Namen des Taufpaten, des Bischofs Lorenzo Da Ponte, an. Der

Bischof unterrichtete den dichterisch hochbegabten Knaben. 1772 wurde er zum Priester geweiht und zum Professor der Rhetorik ernannt. Doch 1773 reiste der 24jährige nach Venedig, geriet in weltliche Strudel und lernte den 48jährigen Casanova kennen.

Ganz dem sündigen Einfluß erlegen, verlor Da Ponte 1779 die Professorenstelle und wurde wegen erwiesenen Ehebruchs für 15 Jahre aus Venedig verbannt. Anderthalb Jahre später tauchte er in Wien auf, wurde Textdichter der neugegründeten italienischen Hofoper von Kaiser Josef II.. Anfang 1787 erhielt Da Ponte den Auftrag, das Libretto von »Don Giovanni« zu schreiben. Ende September traf er in Prag ein, um es zusammen mit Mozart zu vollenden. Dabei muß er auch seinen alten Freund Casanova um Überarbeitung gebeten haben. Jedenfalls fanden sich in Casanovas Nachlaß zwei Manuskriptblätter mit zahlreichen Korrekturen des Sextetts (Don Giovanni, Leporello, Donna Elvira, Don Ottavio, Zerlina, Masetto) im zweiten Akt.

Schließlich wurde die »Don-Giovanni«-Uraufführung des Trios Mozart, Da Ponte und Casanova am 29. Oktober 1787 im Gräflich Nostitzschen Nationaltheater Prag ein furioser Erfolg.

SCHULDEN DURCH EINEN
UTOPISCHEN ROMAN

In der Privatgalerie eines reichen Amerikaners in Philadelphia hing noch in den dreißiger Jahren unseres 20. Jahrhunderts ein Jugendwerk des bekannten Dresdner Historienmalers Eduard Julius Friedrich Bendemann, dessen Verbleib heute unbekannt ist. Es zeigte Casanova. Wie er die Treppe der Brühlschen Terrasse hinaufstürmt, verfolgt von Hunderten geballten und drohenden Fäusten betrogener Ehemänner. Oben an der Treppe, in magischem Schimmer verklärt, wollen ihn die weißen Lilienarme beglückter Frauen rettend aufnehmen. Doch da spaltet sich die Treppe in der Mitte, eine mächtige Glutflamme schießt aus der Spalte hervor, in die Casanova mit einem Aufschrei hineinstürzt.

Die Freitreppe der Brühlschen Terrasse hat Casanova nie betreten – sie wurde erst 1814 errichtet.

Doch viele Straßen, Plätze und vor allem Museen Sachsens muß der Liebhaber der Wissenschaften in seinen letzten Lebensjahren besucht haben. So auch den berühmten Mathematisch-Physikalischen Salon, der damals über dem Grottensaal des Dresdner Zwingers untergebracht war. Im Salon waren Tausende, seit 1560 von Sachsens Fürsten gesammelte Linsen, Brennspiegel, Kunstuhren, Fernrohre, Erd- und Himmelsgloben, Werkzeuge, Experimentier-Automaten und Rechenmaschinen zu sehen. Vielleicht tauschte er sich hier über mathematische Probleme aus. Insbesondere mit den Fragen der

Verdoppelung des Würfels befaßte sich Casanova, veröffentlichte darüber 1790 in Dresden drei Arbeiten. Auch könnte der Salon Casanovas Phantasie bei den abschließenden Arbeiten an seinem phantastisch-utopischen Roman inspiriert haben.

Fünf Jahre, bis September 1787, schrieb er an seinem »Icosameron« oder »Eduard und Elisabeth bei den Megamikren«. Eduard und Elisabeth sind ein englisches Geschwisterpaar, das im sagenhaften »Maelstrom« Schiffbruch erleidet und auf sehr merkwürdige Art gerettet wird. In einer Bleikiste, die ein Seemann als Super-U-Boot gegen Seeungeheuer gebaut hatte, sausen die Geschwister durch die Erdrinde in den hohlen Innenraum der Erde. Dort wohnt das Volk der Megamikren (Großkleinen). Die Geschwister werden Mann und Frau und die Eltern von vierzig Zwillingspaaren. Im Laufe ihres Aufenthaltes, der 324 Megamikrenjahre oder 81 Erdenjahre währt, vermehrt sich diese Nachkommenschaft auf über 600 000 Menschen.

Eduard und Elisabeth gelangen wieder an die Erdoberfläche, treffen ihre noch in England wohnenden Eltern und erzählen einer Gesellschaft von Lords und Ladies ihre erstaunlichen Abenteuer.

Faszinierend, wie Casanova im »Icosameron« bereits andeutet, was eigentlich erst das 20. Jahrhundert erfand: Telegraph, Auto, Flugzeug, Giftgas!

In 16 Monaten schrieb Casanova mit schwungvoller Phantasie die etwa 1800 Druckseiten. Leider war ihm mit dem fünfbändigen Werk kein Erfolg beschieden. Erst betrog ihn sein Leipziger Verleger. Dann ließ er alles selbst drucken, verschuldete sich hoch. Am Ende kaufte kaum jemand den Roman – er war zu wissenschaftlich angelegt.

ALARM IN DER DRESDNER
GEMÄLDEGALERIE

Die letzten Strahlen der Abendsonne tanzen durch die Bibliotheksfenster. An einem Eichentisch sitzt Giacomo Casanova, inzwischen ein alter, ergrauter Mann. Eifrig taucht er den Federkiel ins Tintenfaß, schreibt mit zittriger Hand an der Geschichte seines Lebens. Unzählige Tage und Nächte sitzt er über den Memoiren, die ihm Weltruhm einbringen sollen. Viele Details entnimmt er seinen Tagebüchern und Briefen, die er in großen Koffern durch ganz Europa mit sich herumgeschleppt hatte. Manch kostbares Blatt voll einzigartiger Erinnerungen nimmt er jetzt ein letztes Mal in die Hand, läßt es dann im Kaminfeuer entflammen – damit die größten Geheimnisse seines Lebens der Nachwelt für immer verborgen bleiben.

Noch immer ist sein Bekanntenkreis groß. Von Dux aus korrespondiert er mit dem preußischen Premierminister Ewald Friedrich Graf von Herzberg, dem ersten Präsidenten der französischen Nationalversammlung Jean Sylvain Bailly, der Präsidentin der Russischen Akademie der Wissenschaften, Fürstin Katharina Daschkowa, außerdem mit Johann Moritz Graf Brühl in London. Der Neffe des verstorbenen Premierministers weilte seit 1764 im Auftrage des sächsischen Hofes in der englischen Metropole, wo er Mitglied der Königlichen Akademie wurde, zwei eigene Sternwarten besaß.

Mitunter läßt Casanova auch die Pferde einspannen, sich zur Familie nach Dresden kutschieren. Auf der Rückreise von so einem Verwandtenbesuch wird der Alt-Abenteurer Ende Oktober 1788 zwischen Dresden und Pirna gestoppt, als Bilderdieb verhaftet!

Was um Himmels Willen war geschehen?

Man schrieb den 22. Oktober 1788, als der damalige Galerieinspektor Johann Anton Riedel seinem Vorgesetzten, Graf Marcolini, einen unfaßbaren Gemälderaub meldete. In der besonders stürmischen Nacht waren durch dreisten Einbruch eines Drahtgitters und einer Fensterscheibe drei Bilder aus der Galerie entwendet worden: Die weltberühmte »Magdalena« von Antonio Correggio, »Das Urteil des Paris« von Adriaen van der Werff und »Der alte Mannskopf mit getigerter Pelzmütze« von Christian Seybold.

Der Räuber war in einer der laternenarmen Gassen um den Neumarkt verschwunden, die Schildwachen hatten nichts gesehen. Der Verlust wurde auch etwas spät bemerkt, weil die Galerie in Ermangelung einer Heizung von Oktober bis Mai für Besucher verschlossen blieb.

Ein schrecklicher Verlust für die europaweit einzigartige Sammlung, die wir noch heute – wenn auch an anderem Platz – als Gemäldegalerie »Alte Meister« bewundern. Seit 1747 war sie im gänzlich umgebauten ehemaligen kurfürstlichen Stallgebäude am Jüdenhof untergebracht. Bis zum Ausbruch des Siebenjährigen Krieges hatten August der Starke und noch mehr sein Sohn aus Italien, Paris, Amsterdam und Prag ihre oppulente Kollektion zusammengekauft. Dabei galten der Erwerb der

Sammlung Wallenstein aus Dux 1741, der hundert besten Bilder der Sammlung des Herzogs von Modena 1745 und der Kauf der »Sixtinischen Madonna« 1754 als herausragende Kunsttransaktionen des 19. Jahrhunderts.

Ob Goethe oder Casanova – alle großen Geister waren von der Galerie überwältigt, in der an Wänden mit gründamastenen Tapeten mit goldenen Leisten und goldenem Laubwerk der sagenhafte Gemäldeschatz in prächtigen Rahmen hing.

Nun diese entsetzliche Lücke. Hektisch werden die Palastwachen alarmiert, berittene Boten zu den Grenzen geschickt. Graf Marcolini ordnet sofort eine Bekanntmachung an, welche auf der Stelle gedruckt und an allen Ecken angeheftet wird, dem Wiederbringer der Bilder eintausend Dukaten verspricht.

Gefahndet wird in alle Richtungen. Vor allem Ausländer sind verdächtig. Besonders jene, die – wie der Venezianer – außer Landes fahren wollen.

In einem Brief vom 30. Oktober 1788 aus Dux schildert der völlig entrüstete Giacomo Casanova dem Fürsten Michail Beloselsky sein Erlebnis an der Grenze: »Am Schlagbaum der Vorstadt von Dresden ließ man mich absteigen, und sechs Männer trugen die zwei Koffer meines Wagens, meine zwei Nachtsäcke und meinen Mantel in ein kleines ebenerdiges Zimmer, verlangten von mir die Schlüssel und durchsuchten alles, indem sie meine Hemden und Taschentücher auseinanderbreiteten, selbst meine Briefpakete auseinanderknüpften und vier Pfund Schokolade aus dem Papier zogen; da sie nichts gefunden hatten, legten sie alles zurück, aber ohne Ordnung und Barmherzigkeit. Hierauf nahmen sie die zwei mit Füllhaar gestopften Tuchpolster und den mit Roßhaar gefüllten des Kutschers, trennten sie auseinander, und nachdem sie nichts gefunden hatten, nähten sie diese schlecht zusammen und schickten sich an, die Lehnen des Wagens vorne, rückwärts und überall aufzutrennen; der jüngste dieser unverschämten Vollstrecker eines ähnlichen Befehles sagte mir, daß sie die ›Magdalena‹ suchten… Als ich alles beendet glaubte, sagten sie mir, daß ich ihnen meine Person zu durchsuchen gestatten sollte … der älteste trieb die Unverschämtheit so weit, seine Hände unter meine Weste zu stecken; nunmehr ungeduldig, knöpfte ich meine Hosen und Unterhosen auf, wo sie zwischen meinen Schenkeln kein Ebenbild der Magdalena fanden…«

Einige Stunden muß das Martyrium gedauert haben. Erst nachdem Casanova den Häschern seinen nackten Hintern präsentierte, ließen sie ihn endlich weiterfahren. Viereinhalb Stunden jagte seine Kutsche nach Pirna, wo es nach kurzer Rast an der Postmeilensäule fünf Stunden weiter nach Peterswald ging. Hier, auf der halben Strecke nach Teplitz und Dux, läßt er halten.

»Die Verzögerung«, klagt Casanova, »ließ mich in Peterswald nicht während des Tages eintreffen. Ich habe mich in einer schlechten Herberge verweilt, wo ich, tot vor Hunger und Wut, verschlungen habe, was ich gefunden habe, und da ich trinken wollte und das Bier gar nicht liebe, so habe ich ein Getränk verschlungen, das der Wirt gut hieß und welches mir nicht schlecht erschien. Er sagte mir, daß das Pillnitzer Most wäre; dieses Gebräu verursachte in meinen Gedärmen einen Aufruhr.

Ich habe die Nacht, durch einen beständigen Durch-
fall gequält, verbracht.«

Mit gequälter Ironie resümiert Casanova schließlich: »Ich habe viele Magdalenen gekannt, aber keine
hat mich so viel fluchen lassen wie die des Corregio.
Der Fürst von Sachsen hat recht, sie suchen zu lassen… Ich verzeihe ihm, weil ich nicht dreißigtau-
send Mann habe, und ich lasse kein Manifest
drucken, weil ich das Haus Sachsen liebe…«

Wochen später wurde der Dieb dann gefaßt: Feld-
besitzer Johann Georg Wogaz aus Dresden-Übigau!
Dem Mann, der auch den Amtshauptmann von
Watzdorf um seinen Familienschmuck erleichtert
hatte, in der Hofkirche Metalleuchter, in Schloß
Moritzburg Uhren und in der Kunstkammer sil-
berne Gießbecken und Kannen gestohlen hatte, war
seine Gier zum Verhängnis geworden. Er wollte
auch noch die 1000 Dukaten Belohnung kassieren,
meldete sich mit einer nahe der Hofkirche nieder-
gelegten Mitteilung anonym als Vermittler. Durch
einen darin enthaltenen orthographischen Fehler –
er schrieb Kurfürst mit »v« in der Mitte – kam die
Polizei dem vorbestraften Pflanzer auf die Schliche.
Jahre vorher hatte er sogar Bienenkörbe gestohlen.
Wogaz wurde 1789 zu 14 Jahren Zuchthaus verur-
teilt, in das Gefängnis Zwickau eingeliefert.

Doch Casanova saß der Schock tief in den Kno-
chen, seine Fahrten nach Dresden nahmen rapide
ab.

GESCHENKE FUR DIE
SÄCHSISCHEN NICHTEN

Casanova war alt geworden, sah noch zehn Jahre älter aus als er Lebensjahre zählte. Und er kleidete sich nach der völlig antiquierten Mode der Zeit Ludwig XV.: mit weißem Federhut, schwarzer Samtweste und geblümten Strumpfbändern, die vorschriftsmäßig um die seidenen Zwickelstrümpfe lagen.

Sein Gesicht hatten Sonne und Wind unzähliger Reisen ausgedörrt, verwittert. Wie Leder spannte sich die Haut über die Schädelknochen. Nur die Augen blitzten hochmütig wie einst.

Naturgemäß nahm auch die intime Korrespondenz, die der galante Weltmann mit Adelsdamen pflegte, ab. Doch eine Dresdner Nichte und eine Großnichte hielten postalisch enge Verbindung.

»Mein Bruder Lorenzo ist noch nicht angekommen, aber er hat erneut meinem Bruder Carlo geschrieben, der mir den Brief wie üblich gezeigt hat… Adieu, mein liebster Onkel, mein ganz kleiner Kreis hier sowie meine Schwester lassen Sie freundlich grüßen.«, schreibt im April 1796 Teresa Casanova (1769–1842) aus Dresden. Die Tochter von Bruder Giovanni, dem verstorbenen Kunstakademie-Rektor, heiratete 1798 Rudolf August von Wessenig, den Kammerherrn des Herzogs von Kurland. Ihr Dresdner Haus galt als ein Treffpunkt für Angehörige der gebildeten Kreise.

In zärtlicher Verehrung sendet um 1797 auch

Casanovas siebenjährige Großnichte Camilla Angiolini (geboren um 1790) einen postalischen Gruß: »Lieben Sie mich bitte weiter wie bisher, was auf Gegenseitigkeit beruht, und glauben Sie nicht, daß es noch einen anderen Onkel gibt, der sich einbilden könnte, von einer Nichte geliebt zu werden und Briefe zu erhalten, die stolz darauf ist, Ihnen ihre Ergebenheit zu bezeugen.«

Camilla war die Tochter des in Dresden lebenden Carlo Angiolini. Dieser hatte 1787 Marianne (oder Manon) August, die Tochter von Casanovas Schwester Maria Maddalena, geheiratet. 1792 bekamen beide noch einen Sohn, der wie der Vater den Namen Carlo erhielt.

Die Nichten zu besuchen, war für Onkel Giacomo aus Dux natürlich die vornehmste Pflicht. Doch wie ein Schatten des früheren Abenteurers erscheint er jetzt auf seinen Reisen. Ein magerer Wäschesack und eine Hutschachtel genügen, das Gepäck des alten Bibliothekars aufzunehmen, wenn er nach Dresden fährt.

Man kennt sogar den Inhalt seiner Gepäckstücke – durch einen Zettel aus seinem Nachlaß, auf dem französisch geschrieben, pedantisch genau vermerkt ist, was er im April 1797 zum Besuch der Verwandten in Sachsen braucht: »Eine Handtasche, einen Reisesack, eine Schachtel mit Spielzeug, eine Schachtel mit zwei Ananas, eine geschlossene Flasche mit Wein, zwei Fasanen, zwei Hasen, sechs Rebhühner. In dem Reisesack: Rock, Weste und Hosen, Schlafrock, Pantoffeln, Stiefel, Schnallen, Nachtmütze, Kamm. In der Handtasche: fünf Hemden, fünf Kragen, eine Unterhose, eine Serviette, Seidenstrümpfe, Osseg-Strümpfe, Wollstrümpfe, ein Gile, achtzehn

Taschentücher, ein seidenes Taschentuch, Seifen, Rasiermesser, Kümmel (vermutlich kleine Pastillen. Anm. d. Autors), Hefte, Briefe, Siegel, spanisches Siegellack… für Madame Steltzl vier Lot feinen Faden…«

Aus dem einstigen Glücksritter und Frauenschwarm ist ein alter Herr und guter Onkel geworden, der beladen mit Spielzeug, mit Ananas aus den Treibhäusern des Grafen Waldstein und mit Wildbret nach Dresden kommt. Der den Damen Häkelgarn besorgt, einen einzigen Anzug und eine Unterhose für eine mehrwöchige Reise mitnimmt. Daß keine Zahnbürste im Gepäck ist, hat seinen Grund. Seit Jahren trägt Casanova ein Gebiß!

DIE LETZTE VEREHRERIN

Runzeln durchziehen Casanovas Gesicht. Der einstige König der Verführer hat graue Haare und Gicht, seine Blase ist krank und er leidet an Prostatakrebs. Mühsam umklammern die geschwollenen Hände die seidengepolsterten Lehnen seines Lieblingsstuhles am Fenster mit Blick zur Schloßkirche. Seit Februar 1798 verschlechtert sich von Woche zu Woche sein Gesundheitszustand. Der Bauch ist aufgedunsen. Die Schmerzen machen ihn schon halb wahnsinnig. Selbst mit Casanovas Lieblingsspeise, einem Teller Krebssuppe, ringt der Koch dem von Altersgebrechen schwer gezeichneten Bibliothekar kaum noch ein Lächeln ab. Er empfängt keine Besuche mehr, setzt keinen Fuß vor die Tür seines Zimmers. Nur Hündchen Finette – ebenso wie die im Schloßgarten begrabene Vorgängerin Melampyge ein Geschenk der böhmischen Fürstin Karolina Lobkowitz-Schwarzenberg – und Neffe Carlo Angiolini weilen in seinen letzten Lebenswochen bei ihm.

Die Gedanken des dahinscheidenden Casanova kreisen um die Familie, um seine paradiesischen Erinnerungen und seine letzte große Verehrerin: Elisa von der Recke!

Die in Casanovas Sterbejahr 42jährige Lyrikerin und Schriftstellerin ist die letzte Brieffreundin, die mit außergewöhnlicher Güte und Anteilnahme dem schwerkranken Mann Trost spendet.

Vermutlich hatte sie ihn noch in Dresden, vielleicht auch bei der Kur in Teplitz oder Karlsbad kennengelernt. Die Adelsdame, die ihr Leben 1833 in Dresden beschließen wird, schreibt ihm am 29. April 1798: »Ich gestehe Ihnen, daß der Gedanke an die Trennung von Ihnen mein Herz bedrückt, aber der edle Mut, mit dem Sie der finstren Pforte des Todes entgegensehen, erhebt meine Seele.«

Drei Tage vorher hatte Casanova ihr ein Briefchen zukommen lassen: »Madame, Solange ich noch die Kraft habe zu atmen, werde ich Ihnen für Ihre Güte dankbar sein, doch bitte ich weiterhin nur um die teilnehmenden Wünsche Ihrer schönen Seele. Die neuen Suppenwürfel werden genügen, bis ich wieder gesund bin oder sie nicht mehr brauche. Ich flehe Sie auch an, göttliche Elisa, nicht hierher zu kommen.«

Am 6. Mai berichtet Elisa ihm: »Mein Freund, Ihre arme Elisa war in den letzten Tagen sehr krank, doch geht es wieder besser. Mehr als meine Krankheit hat mich verdrossen, daß ich noch nicht in der Lage bin, Ihnen eine Krebssuppe zu schicken … aber die Bauern, die uns die Krebse versprechen, sagen, die kleinen Bäche seien zu angeschwollen, um zur Zeit Krebse fangen zu können…«

In Casanovas letztem Brief vom 1. Juni 1798 an Elisa von der Recke antwortet er: »Ich kann weder lesen noch schreiben und könnte Ihnen nicht einmal mehr Nachricht von meiner Existenz geben, wäre nicht mein Neffe bei mir.« Darunter vermerkt Carlo Angiolini: »Ich nehme mir die Freiheit, Ihnen mitzuteilen, daß mein armer Onkel im Sterben liegt; er wollte unterschreiben, hat aber nicht mehr die Kraft dazu.«

Casanovas letzte Briefpartnerin
Elisa von der Recke (1756 – 1833).

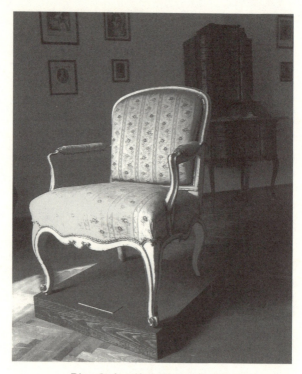

Dieser Sterbestuhl von Giacomo Casanova
ist im Duxer Schloß zu besichtigen.

Drei Tage später, am 4. Juni 1798, stirbt der große
Casanova im Alter von 73 Jahren. Nicht etwa im
Krankenbett, sondern mannhaft im Armlehnstuhl!
Von Fürst Charles de Ligne sind die letzten Worte
Casanovas überliefert: »Ich habe als Philosoph ge-
lebt und sterbe als Christ.« Er wird auf dem Fried-
hof bei der Kirche St. Barbara in Dux beigesetzt.

BROCKHAUS MACHT CASANOVA
UNSTERBLICH

Der 13. Dezember 1820 sollte als ein ganz besonderer Tag in die Firmengeschichte des Leipziger Verlages F. A. Brockhaus eingehen. An besagtem Tag vor Weihnachten kam ein Mann mit 600 Bögen eines in französischer Sprache abgefaßten Originalmanuskripts zu Verlagsnestor Friedrich Arnold Brockhaus (1772–1823). Der Mann gab zu verstehen, daß er im Auftrag eines in Leipzig lebenden Nachkommen des weltberühmten Casanova vorsprach. Dieser habe das Manuskript geerbt, wünsche es zu verkaufen. Der zuerst anonym im Hintergrund agierende Casanova-Erbe war kein anderer als Carlo Angiolini. Der Sohn jenes Casanova-Neffen, der 1798 den sterbenden Abenteurer auf Schloß Dux versorgt hatte.

Jahre vor dem Besuch bei Brockhaus hätte das Manuskript schon fast einmal den Besitzer gewechselt. Der sächsische Minister Camillo Graf von Marcolini (1739–1814) bot Casanovas Neffen 2500 Taler. Doch das Geschäft zerschlug sich.

Nun ließ sich Brockhaus die eng beschriebenen Seiten dieses einzigartigen Schatzes der Weltliteratur vorlegen. War er noch unsicher, ob das Manuskript zur Veröffentlichung geeignet sei oder erkannte er, daß sich der Casanova-Nachkomme in finanzieller Verlegenheit befand, im Verlagsgeschäft völlig unbedarft war? Jedenfalls kaufte er Angiolini das Manuskript und drei weitere Casanova-Arbeiten mit allen Rechten für lediglich 200 Taler ab. Der Vertrag wurde am 24. Januar 1821 unterzeichnet.

Bereits 1822 brachte Brockhaus drei in die deutsche Sprache übersetzte Abenteuer – darunter Casanovas Treffen mit dem geheimnisvollen Cagliostro und das Duell mit Branicki in Warschau – in einem Taschenbuch heraus. Zwischen 1822 und 1828 folgte dann die erste, 12 Bände umfassende Gesamtausgabe, deren detailfreudige Beschreibungen erotischer Episoden teilweise stark bearbeitet oder völlig weggelassen wurden. Durch zahlreiche Raubdrucke fanden die Memoiren schnell europaweit Verbreitung, begründeten Casanovas unsterblichen Ruhm.

Seit Jahrzehnten aber bewegt Casanova-Forscher und Liebhaber seiner Memoiren die Frage: Warum schließt die Lebensgeschichte mit dem Jahre 1774 ab?

Eine These geht von der Annahme aus, daß zwei bisher noch nicht aufgetauchte Memoiren-Bände den letzten Aufenthalt in Venedig, die Abenteuer in Wien und Dux beschreiben. Ob sie bei den Erben Casanovas verloren gingen oder wegen Indiskretionen über die gräfliche Familie Waldstein von dieser vernichtet wurden – keiner weiß es! Vielleicht haben sie aber auch nie existiert – weil der Rest von Casanovas Leben zu traurig war!

DIE RÄTSEL UM DAS GRAB

Daß wir zum Ende des 20. Jahrhunderts Casanovas letzte Wirkungsstätte Schloß Dux noch unversehrt vorfinden, verdankt die Welt einem bescheidenen Mann: Rats-Archivar Josef Zada. Der heutige Ehrenbürger war von 1968 bis 1974 Bürgermeister von Dux, verhinderte durch Einsatz seiner ganzen Autorität den Abriß von Stadt und Schloß.

Nachdem die Familie Waldstein 1921 Schloß und Gut Dux an den tschechischen Staat verkauft hatte, rückte der angrenzende Braunkohle-Tagebau in bedrohliche Nähe. 1957 wurden Teile des Parks zusammen mit dem Anfang des 18. Jahrhunderts von den Grafen Waldstein angelegten Kirchen- und Hospitalkomplex ein Opfer des Tagebaus »Fortschritt«. Lediglich das unschätzbar wertvolle Fresko »Marias Himmelfahrt« von Wenzel Laurentius Reiner konnte vor der Sprengung geborgen werden. Es hat heute in einem speziell dafür errichteten Pavillon seinen Platz im Park.

Auch für das Schloß und die rund 10 000 Einwohner zählende Stadt waren die Abrißpläne schon erarbeitet. Doch konnte sie der mutige Bürgermeister bis Anfang der 70er Jahre erfolgreich hinauszögern. Dann erst ergaben genaue Nachprüfungen, daß die Kohlevorräte unter Dux überhaupt nicht so ergiebig wie angenommen waren!

Bereits 1820 verschwand jedoch das Grab Giacomo Casanovas. Man weiß von dem Erdgrab nur,

*Rekonstruktion des Gebeinhauses,
in dessen Keller auch Casanovas sterbliche Überreste
verschwunden sein sollen.*

daß es sich auf dem Friedhof der Hl. Barbara, vermutlich an der Mauer nahe des Einganges, befand. Der Volksmund hat überliefert, daß Casanovas Grabmal ein steinerner Sockel mit eisernem Kreuz ohne Namen war. Das Grab des Ausländers soll schnell beseitigt worden sein, weil das Kreuz zerbrach und Kirchenbesucher mit den Kleidern daran hängen blieben.

Der Duxer Fabrikant und Casanova-Forscher Bernhard Marr (1856 – 1940) startete in den zwanziger Jahren umfangreiche Untersuchungen, ließ an der Kirche der Hl. Barbara jene Gedenktafel anbringen, die von Touristen vielfach als Casanova-Grab angesehen wird.

In den letzten Jahren suchten sogar Hellseher und Wünschelrutengänger nach Casanovas Ruhestätte. Marrs Forschungen werden heute unter anderem von dem in Utrecht/Holland lebenden Pfarrer Marco Leeflang fortgesetzt. Leeflang ist überzeugt, daß Casanovas sterbliche Überreste in den Keller eines Gebeinhauses kamen, das bei der Umwandlung des Friedhofes zur Promenadenanlage am Anfang dieses Jahrhunderts ebenfalls abgerissen wurde. Etwa 15 Meter südöstlich der Kirche der Hl. Barbara könnten sich demnach Casanovas Gebeine inmitten Tausender Skelett-Teile anderer Duxer vielleicht noch unter dem Rasen der Grünanlagen befinden.

QUELLENVERZEICHNIS

BROCKHAUS, Heinrich Eduard: Friedrich Arnold Brockhaus – Sein Leben und Wirken, Bd. II.- F. A. Brockhaus, Leipzig 1876

BYRN, Fr. August Freiherr von: Giovanna Casanova und die Comici italiani am polnisch-sächsischen Hofe. – In: Neues Archiv für Sächsische Geschichte und Altertumskunde 12(1891)

CASANOVA, Giacomo: Briefwechsel, gesammelt und erläutert von Aldo Rava und Gustav Gugitz. – Georg Müller, München und Leipzig 1913

CASANOVA, Giacomo: Eduard und Elisabeth bei den Megamikren. – Benjamin Harz, Berlin, Wien 1922

CASANOVA, Giacomo: Gesammelte Briefe, ausgewählt, eingeleitet von Enrico Straub, Bd. I. – Propyläen-Verlag, Berlin 1969

CASANOVA, Giacomo: Geschichte meines Lebens, herausgegeben und kommentiert von Günter Albrecht und Ulrike Albrecht, 12 Bände. – Gustav Kiepenheuer, Leipzig und Weimar 1988

GOLD, Alfred: Johann C. Wilck. – Paul Cassirer, Berlin 1912

GUGITZ, Gustav: Giacomo Casanova und sein Lebensroman. – Ed. Strache, Wien, Prag, Leipzig 1921

HOEFFNER, Erwin: Der Abenteurer Casanova in Dresden. – In: Mitteldeutsche Monatshefte 10(1927)

HÜBNER, Julius: Verzeichniss der Königl. Gemälde-Gallerie zu Dresden. Mit einer hist. Einleitung. – Dresden 1856

ILGES, Walther: Casanova in Dresden. – In: Wissensch. Beilage des Dresdner Anzeigers 8 (1931)

JUSTI, Carl: Winckelmann und seine Zeitgenossen. – Koehler & Amelang, Leipzig 1943

KRÄTZ, Otto: Casanova – Liebhaber der Wissenschaften. – Callwey, München 1994

PETRY, Sandra: Historische Kriminalfälle aus Sachsen. – Tauchaer Verlag, Taucha 1997

POLISENSKY, Josef: Die Lebensgeschichte von Giacomo Girolamo Casanova. – Bezirkszentrum Usti nad Labem 1989

PRÖLSS, Robert: Geschichte des Hoftheaters zu Dresden. – Dresden 1878

RODEKAMP, Volker (Hrsg.): Leipzig Stadt der wahren Wunder – 500 Jahre Reichsmesse-Privileg. – Messe-Verlag, Leipzig 1997

SCHENK, Erich: Wolfgang Amadeus Mozart. - Amalthea, Zürich, Leipzig, Wien 1955

SCHMIDT-PAULI, Edgar von (Hrsg.): Der andere Casanova – unveröffentlichte Dokumente aus dem Duxer Archiv. – Verlag für Kulturpolitik, Berlin 1930

Bildnachweis

Fotos und Reproduktionen: Ulrich und Ingrid Häßler

Einband: Archiv Tauchaer Verlag, Häßler

Autor und Verlag danken Kastellan Mgr. Rudolf Vycichla vom Staatlichen Museum Schloß Dux (Státni zámek Duchcov) sowie Direktor Professor Dr. Harald Marx von der Dresdner Gemälde-Galerie Alte Meister für die freundliche Bereitstellung der Vorlagen.

DUX – die letzte Wirkungsstätte des großen Giacomo Casanova

Wir laden Sie herzlich ein, in unserem liebenswerten böhmischen Städtchen auf Casanovas Spuren zu wandeln.

Sehenswürdigkeiten im Staats-Schloß Dux (errichtet 1527, barocker Umbau 1675 – etwa 1730):

- Schlafzimmer, Bibliothek und Arbeitszimmer Casanovas mit Sterbestuhl
- Ahnen-Galerie der Grafen Waldstein
- 11 Säle mit einer Sammlung wertvoller Möbel und Gemälde aus Gotik, Renaissance, Barock, Rokoko, Klassizismus, Empire und Biedermeier.

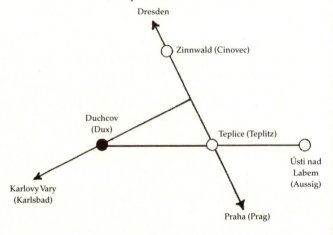

Öffnungszeiten: April 9 – 15 Uhr
Mai bis September 9 – 17 Uhr
Oktober 9 – 15 Uhr

Weitere Informationen über:
Stätni zámek Duchcov, 41901 Duchcov okres Teplice
Tel.: 00420-417-835301   Fax: 00420-417-835170